Mamouch l'ourse

L'amuse Temps

Ce matin, Mamouchka et ses petits ont
une faim de loup. Rien n'échappe à leur flair infaillible.
Racines, fourmis, souris : tout leur est bon.

« Qu'est-ce qu'il y a comme dessert ? »
demandent les oursons.

« Une surprise, répond
Mamouchka. Mais surtout,
soyez prudents en traversant
la plaine, à cause des chasseurs.

— Youpi ! Du miel ! »
Et même si Mamouchka
se trouve bien grosse
pour monter aux arbres,
la gourmandise est plus
forte que tout !

« Ouh, Ouh ! dit Petit Ours.
Moi aussi, je sais grimper.
— Nom d'un ours ! tempête
Mamouchka. Veux-tu
descendre tout de suite ! »

Boum ! fait Petit Ours
en tombant.
« Ouille, ouille, ouille !
Mon derrière ! »

« Au bain ! » dit Mamouchka.

Plouf ! fait Petit Ours

en plongeant.

« Qu'est-ce que tu attends ?

dit-il à son frère.

L'eau est délicieuse. »

« Venez jouer avec nous ! »
dit Petit Ours aux mésanges.
Mais son frère se moque de lui :
« Comment veux-tu
qu'elles te comprennent ?
Tu ne parles pas la langue
des oiseaux. »

Pendant ce temps, Mamouchka a déniché son plat préféré.

Elle est un peu inquiète cependant.

Les champignons annoncent l'automne et il faut songer
à trouver un abri pour la saison froide.

L'hiver est là. Heureusement, Mamouchka a tout prévu.
Plus question de nager ou de grimper aux arbres.
Maintenant tout le monde dort dans la tanière.

Au-dessus, la neige fait un épais tapis blanc.

Au loin, un retardataire profite encore

de la lumière du jour.

Pour tous
les petits curieux

LA GRANDE FAMILLE DES OURS

Un peu partout dans le monde...

Il existe huit espèces d'ours vivant
un peu partout sauf en Afrique
et en Australie.

L'ours blanc est le plus grand d'entre eux.
Il peut peser jusqu'à 700 kilos et mesurer
3 mètres lorsqu'il se dresse sur ses pattes
arrière. Il vit au pôle Nord. Sa fourrure blanche
et très épaisse lui permet de se cacher dans la
neige et de se protéger du froid.

L'ours brun est le plus répandu.
On le rencontre en Amérique du Nord
et en Europe. Les plus gros pèsent
jusqu'à 350 kilos. Comme il n'aime pas
être dérangé, il vit dans les forêts
profondes. Le grizzli fait partie
des ours bruns. Il fréquente le bord
des rivières où il pêche le saumon.
Mais attention ! Il est très agressif.

Drôles d'ours

L'ours noir habite l'Amérique
du Nord. C'est un petit ours
d'à peine 100 kilos
qui grimpe très bien aux arbres.

L'ours à collier qui vit en Himalaya
est très reconnaissable.
Sa fourrure claire au niveau du cou
dessine un collier. Comme le grizzli,
il a plutôt mauvais caractère.

L'ours à lunettes habite les Andes.
Il est plus doux que ses cousins
et dort souvent dans les arbres.

L'ours des cocotiers et **l'ours lippu**
sont un peu à part. Le premier est
aussi agile qu'un singe. Le second
a des lèvres pendantes comme
les babines d'un chien de chasse.

Le panda enfin est le plus joueur
et aussi le plus rare de tous.

COMMENT VIVENT-ILS ?

• Comme il est très gros, l'ours a un appétit
énorme. Il est sans cesse en quête de nourriture
et tout ce qu'il trouve lui est bon : herbe, racines,
insectes, petits rongeurs, poissons pour ceux
qui vivent en Alaska. A l'approche de l'hiver,
il lui arrive même de s'attaquer à des troupeaux
de moutons.

• Quand vient l'hiver,
l'ours se creuse une tanière
pour y dormir jusqu'au
printemps.On dit qu'il hiberne.
L'ours polaire se laisse recouvrir
par la neige. L'ours brun, lui,
préfère une grotte profonde
ou un gros tronc d'arbre.
Son corps puise la nourriture
dans les réserves de graisse
accumulées pendant l'été.

• Si les mâles ne font que dormir, les femelles, elles, sont très occupées :
c'est l'époque où elles mettent au monde leurs petits.

• Sourds et aveugles lorsqu'ils naissent, les oursons ne sont pas plus gros que des lapins. Ils ont besoin d'être protégés.

• A la fin de l'été, ils pèsent 20 kilos et sont déjà très agiles. Ils passeront un nouvel hiver dans la tanière avec leur mère. Puis, à l'âge de deux ans, ils la quitteront pour aller découvrir le monde.

• Comme tous les animaux, l'ourse devient très agressive lorsque l'on attaque ses petits. Elle peut se battre jusqu'à la mort pour les défendre. Mais la plupart du temps, les ours sont plus craintifs que méchants. Ils aiment la solitude et la tranquillité.

• En revanche, les oursons ne pensent qu'à jouer. Ils aiment se baigner, se rouler dans l'herbe et se battre entre eux.

A PROPOS D'OURS...

L'ours dans les étoiles

La constellation de la Grande Ourse est formée
de sept étoiles et dessine comme un museau.
Elle est appelée ainsi dans le monde entier,
même dans les pays où il n'y a pas d'ours.

Le Nounours

Au début du siècle, le président des Etats-Unis
Théodore Roosevelt qui avait été invité
 à une chasse à l'ours, refusa de tirer sur un ourson.
Cela donna l'idée à un marchand de jouets
de New York de réaliser un ourson en peluche
qu'il appela Teddy Bear en hommage au président.

Un « ours mal léché » ...

Lorsque l'on dit de quelqu'un que c'est « un ours mal léché »,
on veut parler d'une personne dont la compagnie n'est pas agréable
et qui a tendance à ronchonner, car chacun sait que les ours grognent.

« Vendre la peau de l'ours » ...

On dit parfois : « Il ne faut pas vendre la peau de l'ours
avant de l'avoir tué. » Cela veut dire qu'il ne faut pas se vanter
de quelque chose que l'on n'a pas encore fait.